Out of the Maze

迷路の外には何がある？

『チーズはどこへ消えた？』その後の物語

スペンサー・ジョンソン
Spencer Johnson, M.D.
門田美鈴訳

扶桑社

「そんなこと、信じられないわ！」とアリスは言った。

「そう？」女王は哀れむような口調で言った。「もう一度やってごらんなさい。深呼吸して、目を閉じて」

アリスは笑って言った。「やっても無駄よ。不可能なことを信じるなんてできないもの」

「たぶんそれほどあなたはやってないと思うわ」と女王。「私があなたくらいのころは、一日三〇分はやったものよ。いいこと、朝食前に不可能なことを六つくらい信じられたことだってあったわよ」

――ルイス・キャロル

想像力は知識よりも大事だ。
知識には限りがある。想像力は万物を包み込む。

――アルバート・アインシュタイン

『迷路の外には何がある？』について

『チーズはどこへ消えた？』は、そもそも著者スペンサー・ジョンソン自身が人生の苦難に対処するために書かれたものでした。その後このささやかな寓話を人々に伝え、それが人々の人生と仕事においてどれほど助けになったかを知り、この物語を小さな本にしたのです。

出版して半年もたたないうちに、この本はハードカバーとして発行部数が百万部を超え、五年たたないで二千百万部以上にのぼりました。二〇〇五年の時点で、本書はアマゾンにおける史上最大のベストセラーとなっています。

年月を重ねるにつれ、本書は多くの家庭や学校、教会、軍隊、スポーツチームで愛読されるようになりました。多くの言語に訳されて世界中に広がりました。読者たちは本書から得た英知のおかげでキャリアやビジネス、健康、結婚生活が好転したといいます。そうした声はいたるところで聞かれます。

しかし、著者はなお答えられていない問いがあると感じていました。

この続編のためのメモに彼はこう記しています。「前書を読んだ多くの人々は、『なぜ』と『どうすればいいか』についてもっと知りたがっていた。なぜ、変化する時代に適応できるときもあれば、できないときもあるのか？　そして、どうすれば、変化する世界にもっと素速く、容易に適応でき、もっと幸せになり、もっと成功できるのか？　『成功』がどんなものであったとしても」

そして、著者はこう考えました。「チーズの物語をさらに一歩進めることによって、その答えを示すのが一番いい」

『チーズはどこへ消えた？』は、人生と仕事における変化に適応する道を示しました。

本書『迷路の外には何がある？』は、あなたがその道に踏み出し、変化に適応し、かつあなたの運命をも変えるためのツールを与えてくれるものです。

まえがき

エマーソン・ジョンソン
オースティン・ジョンソン
クリスチャン・ジョンソン

あなたが『迷路の外には何がある？』を手に取ってくださって、とても嬉《うれ》しく思います。

父は若いころから人々を手助けする方法を進んで探し求めてきました。中学生のとき、近所の子どもたちのための水泳スクールを始めました。成人になると外科医になる勉強をし、その後、真に情熱を傾けることができるのは物を書くことだと気づいたのです。そして、父は書いたものを通じて数多くの人々の役に立っていると感じていました。

私たちは父を失って心から寂《さび》しく思うとともに、父の世界への貢献を大いに誇りとしています。

父は自身、この物語に出てくる言葉や格言をしばしば活用していました。人生のよいときも悪いときも。膵臓《すいぞう》がんと診断されたときも、それらの言葉のおかげで、亡くなるまで自分の病気を新たな観点で見ることができました。自分が直面した変化を愛と感謝の気持ちで受け入れることができたのです。

物語の最後に、がんの末期を迎えた父がしたためた手紙を入れました。これは父が著作活動を通じて得た洞察を自身の人生そのものに生かすにいたったことを示していると思います。

あなたが本書を楽しみ、成功なさいますように。

二〇一八年六月

ジョンソン一家

セミナー　シカゴにて

さわやかな秋のある日、あるグループが週一回のビジネス開発セミナーのために集まった。最後から二番目のセミナーで、今日はある短い物語を読むことになっていた。変化に対してそれぞれ別々の対応をするキャラクター、ヘムとホーの物語で、題して『チーズはどこへ消えた?』だ。

セミナーのリーダー、デニスがみんなに呼びかけた。

「では、みなさん、まずこんな問いから始めたいと思います。われわれのチーズはいったいどこへ消えたのか、そして、われわれはどう対応しようとしているのか?」

笑い声があがった。デニスは人をリラックスさせるすべを心得ていたが、ことビジネスについては相当な見識を持っていることをみんなわかっていた。

この物語について議論が始まった。何人かが、仕事でも私生活でも物語から多くのものを得たと言った。

だが、疑問があるという人たちもいた。

テクノロジー業界で働くアレックスは言った。「変化に適応しなければならないことはよくわかったが、でも、言うはやすく行うは難《かた》しでね。具体的にはどうすればいいんだろう？」

医師のミアも言った。「たやすく合わせられる変化もあると思う。だけど、明らかにそうできない変化もありそう」

「それに、私の仕事など変化なんてものじゃない。完全に消えてなくなりそうだよ」とアレックス。

出版事業に携わっているブルックも言った。「私だってそうよ。もはやいったい何の業界で働いているのかわからなくなるときもあるわ」

「もう自分の人生すらわからなくなることがあるよ」アレックスが言うと、みんなが笑った。「本当に、一気にそれほど変わってるんだ。できるなら『チーズと一緒に動きたい』けど、たいていはチーズがどこに行ったのかさっぱりわからないんだからね！」

そんな中、奥にいた若者、ティムが手をあげて何か言った。

デニスが両手をあげてみんなを制止し、静まったところでティムにもう一度発言するよう促《うなが》した。

ティムは咳《せき》をして言った。「ヘムのことはどうなんです？」

アレックスが若者のほうを振り返った。「彼がどうって？」

ティムは言った。「彼はどうなったんでしょうか？」

部屋が静まりかえった。みんなヘムとホーの物語を思いかえし、同じことを思った。

「それが知りたいんです」とティム。「正直いって、ヘムにいちばん親しみを感じます。

ホーは仕事にありつき、なんとかやっていくように思えます。一方、ヘムは何もない部屋に座り込んだままです。ひとりぼっちで、心を乱しながら。たぶん、彼もホーと同じように事態を理解したいと思っていながら、どうにも動きがとれないでいると思う。言いたくはないんですが、ぼくもまったく同じ状況にいるんです」

最初、みんな何も言えなかった。それから、ミアが口を切った。

「よくわかるわ。私だって同じような状況だもの。私もチーズがあるところに行きたいけど、何から始めればいいのか見当もつかないわ」

みんなが口々にティムの言うことはよくわかると言った。物語では、ホーは出かけていって「新しいチーズ」をみつける。彼は変化に合わせ、それでうまくいったのだ。しかし、ヘムは途方にくれたままだ。

ほとんどの人がヘムと同じだと感じていた。


つづく一週間、デニスは若者ティムのことと、その疑問について思案した。翌週、セミナーメンバーが集まった席で、彼は言った。「先週からずっとあの疑問についてさんざん考えたんだ。ホーは変わったのにヘムは変わらなかったのはなぜか、そして、それからどうなるのだろう、とね。

物語にはつづきがあるはずで、それをみなさんにお伝えしたいと思う」

部屋はシーンとなり、ネズミのまばたきの音すら聞こえるほどだ。誰もが知りたいと思った――ヘムはどうなったのか？

「みなさんは『チーズはどこへ消えた？』で何が起こったか覚えていますね」

デニスは話しはじめた……

もともとの物語　『チーズはどこへ消えた?』

昔、ある遠い国に、二匹のネズミと二人の小人が住んでいた。彼らはいつも迷路でチーズを探しまわっていた。食料にするためと、幸せになるためだ。二匹のネズミは、「スニッフ」と「スカリー」という名前。小人は「ヘム」と「ホー」という名前だ。

その迷路はいくつもの通路と部屋からなる迷宮で、どこかに美味《おい》しいチーズがあった。しかし、暗がりや袋小路《ふくろこうじ》もあって、すぐに道に迷ってしまいかねなかった。

ある日、二匹と二人はチーズ・ステーションCの通路の端で、好みのチーズをみつけた。それからは毎日、ネズミも小人もそこに行き、その美味しいチーズをたくさん食べた。

まもなく、ヘムとホーはチーズ・ステーションCを中心にして暮らすようになった。チーズがどこから出てくるのかも、誰がそこに置いているのかもわからなかったが、いつもそこにあると思い込んでいた。

ところが、ある日、チーズがなくなっていた。

チーズが消えたことがわかると、スニッフとスカリーはすぐさま新しいチーズを探しに出かけた。

しかし、ヘムとホーは違った。小人二人は呆然《ぼうぜん》と立ちつくしていた。ぼくらのチーズが消えてしまった！ どうしてこんなことになったのだろう？ 誰も注意してくれなかった！ こんなの間違ってる！ こんなことがあるはずがない。

二人は何日も憤慨《ふんがい》していた。

ようやく、ホーはスニッフとスカリーが迷路の中へ走り去ったことに気づき、ネズミたちのあとを追って自分も新しいチーズを探しに行くことにした。

ホーは言った。「ねえ、ヘム、物事は変わることがあるし、決して元には戻らない。この事態もそうじゃないかな。人生は進んでいく。ぼくらも進まなくてはならない」

そして、彼は出ていった。

数日後、ホーは再びチーズ・ステーションCにやって来た。新しいチーズのかけらをいくつか持っていて、ヘムに分け与えた。

しかし、ヘムはその新しいチーズを好きになれそうになかった。いつも食べていたチーズではなかったから。いつものチーズに戻ってきてほしかった。ホーはがっかりして、また一人で新しいチーズをもっとみつけるために出ていった。
そして、それがヘムが友だちのホーを見た最後だった。

新しい物語

その後、起こったことは……

ヘムは何日もチーズ・ステーションCの近くの自宅にこもって、うろうろ歩きまわり、あれこれ思い悩み、いらいらしていた。

いまなお毎日、チーズが現れるのではないかと思い、そうならないことが信じられなかった。自分の居場所を堅持《けんじ》し、ずっと待っていれば、事態は好転すると確信していた。

しかし、そうはならなかった。

それに、ホーはなぜ戻ってこないのだろう？　ヘムは歩きまわりながらいろいろな理由を考えていた。

初め、彼は自分に言い聞かせた。「ホーは戻ってくる。いまにも帰ってきて、何もかも元どおりになるだろう」しかし、「いまにも」と思いながら何日もすごしたが、ホーは戻ってこなかった。

ヘムは苛立《いらだ》ちをつのらせたが、ふと別の考えがうかんだ。

「ホーはぼくのことを忘れたんだ」

「ぼくから逃げてるんだ」

「わざとこんなことをしてるんだ！　友だちなのに、どうしてこんなふうに裏切ることができるんだ？」

そう思うと怒りをおぼえ、考えれば考えるほど憤《いきどお》りがつのった。ホーに置き去りにされたこと、チーズがなくなったこと、それに、事態を元どおりにしたり好転させるために何もできそうにないことが腹立たしかった。とうとう彼は考えるのをやめ、叫んだ。「こんなのあんまりだ！」

戸惑《とまど》いと苛立ちに疲れはてたヘムは、お気に入りの肘掛《ひじか》けイスに倒れ込むと、あれこれ考えをめぐらせた。

ホーが道に迷っていたとしたら？

ケガをするか、もっと悪いことが起きていたら？

ヘムは怒りを忘れ、ホーのことを考え、彼が恐ろしい目にあっているかもしれないと思った。

しばらくすると、別の考えがうかんだ。「ホーはどうして戻ってこないんだろう?」ではなく、「僕はどうして一緒に行かなかったんだろう?」と。

ホーと一緒に行っていたら事態は違っていただろう、と思った。ホーが道に迷うことはなかっただろう。彼に悪いことが起きたりもしなかっただろう。いまごろは一緒にチーズを食べていただろう。

どうして自分はホーのように「チーズとともに動かなかった」のか?

どうしてホーと一緒に「行かなかった」のか?

ネズミがチーズにかじりつくように、この問いがヘムの心をかじるように悩ませた。

それと同時に、どんどんお腹《なか》がへってきた。

ヘムがイスから立ち上がってまた歩きだしたとたん、床の何かにつまずいた。かがんでそれを拾いあげた。ほこりを払うと何なのかわかった。

それは古いノミだった。

自分がこのノミをつかみ、ホーがハンマーで叩《たた》いてチーズ・ステーションCの壁に大穴を開け、新しいチーズを探そうとした日のことを思い出した。いまも部屋の壁にこだまするハンマーとノミの音が聞こえるようだ。

ビシッ！　ビシッ！　ビシッ！

ヘムは床を探しまわり、ハンマーをみつけるとほこりを払った。ホーと二人でチーズ探しに出かけたのはずいぶん前のことになると思った。

ホーが恋しかった。ヘムはくよくよ考えはじめた。いまも彼はここにチーズが現れるのではないか、ホーが戻ってくるのではないかと思っていた。

しかし、チーズもなく、ホーもいない。

何かしなければならなかった。家にこもって待っているだけではだめだ。迷路に出ていって、チーズを探さなければならない。

ヘムはあたりをかきまわし、ランニングシューズをみつけて履《は》いた。ホーと二人でチーズを探しに出かけたときと同じように。靴ひもを結びながら、ヘムはいまの事態についてわかっている事実を考えてみた。

どうしても新しいチーズをみつけなければならない。さもなければ死んでしまう。

また、迷路は危険なところで、暗がりや袋小路があちこちにある。うんと注意しなければならない。

そして、もしそれをやりとげ、チーズをみつけて生き延《の》びたいなら、それはひとえに自分にかかっている。自力でやらなければならないのだ。

ヘムはこれらをメモ書きしてポケットに入れた。忘れないようにと。

わかっている事実

①新しいチーズをみつけなければならない。
さもなければ死ぬ。

②迷路は危険なところで、暗がりや袋小路があちこちにある。

③すべてはぼくしだいだ。自分で何とかしなければならない。

事実を掌握《しょうあく》して、ヘムはほっとした。少なくとも目下《もっか》の状況がわかったのだ。彼はハンマーとノミに目をやった。これからの旅で、迷路の奥を探索《たんさく》するのに役立つだろう。

道具を取って袋に入れ、肩にかけた。

新たな覚悟と強力なハンマーとノミで身を固め、ヘムは迷路へと踏み出した。

数日間、ヘムは通路をさまよい歩きながら、どんどん迷路の奥へと進んでいった。迷路には何もなく、小さな岩があちこちにあるだけだった。チーズの気配はなかった。新たな部屋があると、頭を突っ込んでチーズを探した。だが、どの部屋も空《から》っぽだった。

ときどき暗がりにいきあたった。そんなときにはすぐさま引き返し、別の方向へ進んだ。ぜったいに道に迷いたくなかった。

袋小路のそばを通りかかることもあった。ヘムはのぞき込んで中を確かめ、暗がりにレンガ壁があるだけだとわかると、急いで先へ向かった。

あちこちでホーが通っていった跡をみつけた。通路の壁にメモ書きがあって、いずれもチーズの絵の中に記されていたからだ。だが、ヘムにはわけがわからなかった。とにかく、ヘムはあまりに空腹で疲れはてていたので、立ち止まって読むことはしなかった。

まだどこにもチーズの気配はまったくなかった。

探索しながら、ヘムは自分を責めつづけてきたあの問いを繰り返し考えた。

「どうしてホーと一緒に行かなかったんだろう？」

正直に言うと、ヘムは自分を二人のうちの「頭脳」のほうだと思っていた。ホーは優れた小人で、いい仲間で、陽気で素晴らしいユーモアのセンスを持っていた。だが、操縦士というより副操縦士のタイプだった。ヘムはずっとそう思っていた。

いまではそれほど確信は持てなかった。

「ホーと一緒に行くこともできたのに、どうしてそうしなかったのだろう?」ヘムは自問した。自分が頑固だったせいだろうか? それとも、ただバカだったからか?

つまり、自分はダメな小人だったのか?

ヘムは通路から通路へとたどりながら、そのことに考えをめぐらせた。「もしかしたら、これは自分の所行《しょぎょう》に対する罰《ばつ》なのかもしれない」声に出して言った。

自分がどんどん嫌になり、気力がなえた。だが、彼はまだそれに気づいていなかった。自分についての考えが頭の中をかけめぐっていたが、その考えに気づいてすらいなかった。

それから、恐ろしい考えがうかび、ぞっとして凍りついた。「もしかしたら、迷路の中を永遠に堂々めぐりする運命なのかもしれない」

ヘムは両足がなえてしまいそうだった。通路の壁に寄りかかり、地面に崩れおちた。向かい側の壁に、ホーのメモ書きがあった。

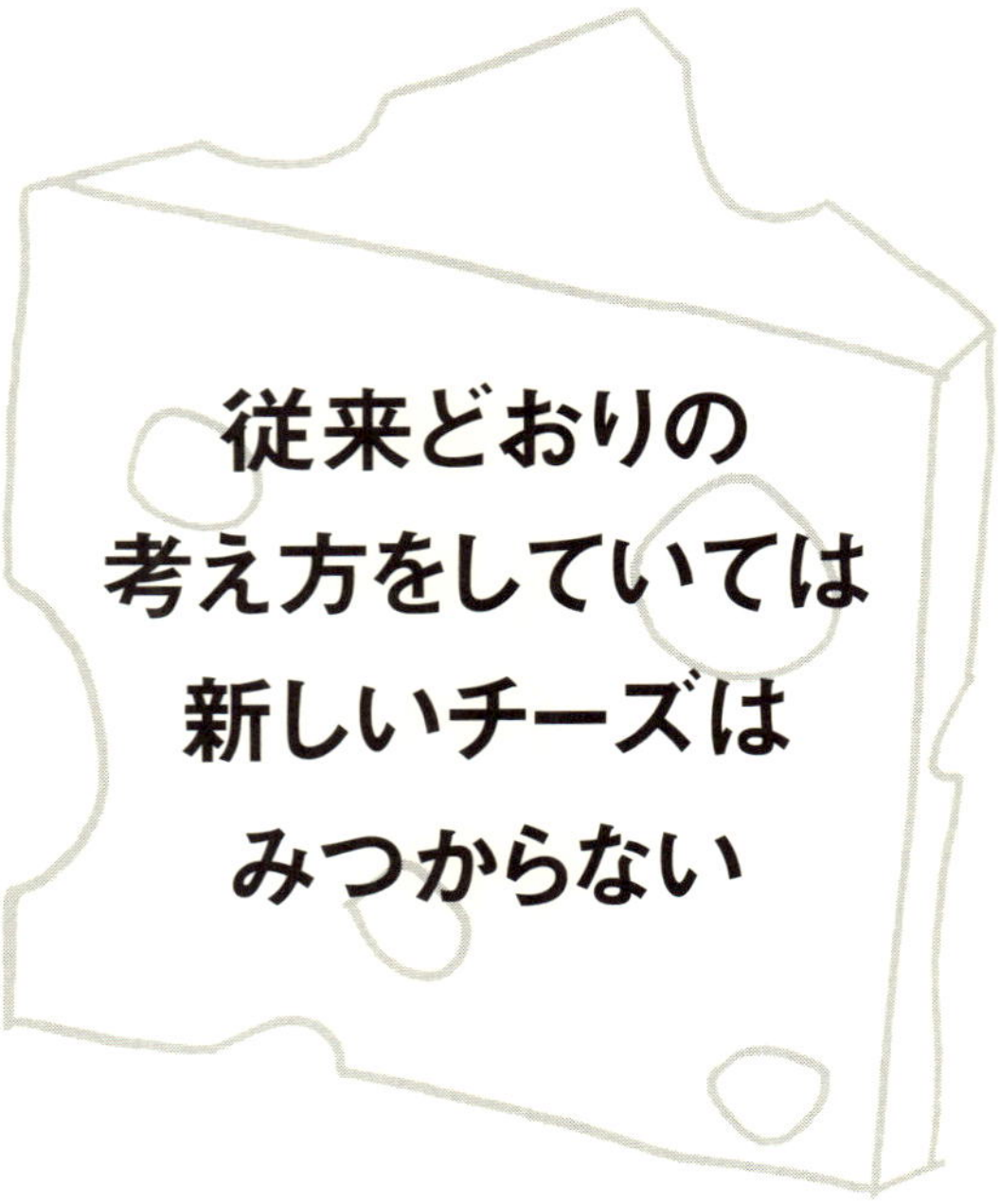

従来どおりの
考え方をしていては
新しいチーズは
みつからない

ヘムは首を振った。

「ああ、ホー。どういうことなんだ？　チーズはあるかないかだ。それは考え方とは何の関係もない！」

最初、ホーが弱って進めなくなり、あきらめてしまったのかと思った。いま自分もそうなりそうだった。

急にひとりぼっちだと感じ、怖くなった。

これまでこんなことはなかった。これまで迷路は、ヘムとホーが働き、社会生活を送っていた場所だった。ここで育ち、生活を築いた。ヘムにとって迷路は自分の世界だった。

だが、迷路は変わってしまった。

いまや何もかも変わってしまったように思えた。ホーは行ってしまった。スニッフとスカリーも、チーズも、どこかへ行ってしまい、自分だけが取り残されて、通路をさまよい、どんどん弱っていく。ヘムにはどうしてこんなことになったのかわからなかった。

迷路は暗く恐ろしい場所になってしまった。

彼は床に丸まって横になり、浅く苦しい眠りにおちた。

ヘムが目覚めたとき、脚が床の何かにぶつかった。いくつか転がっている。起きあがって見た。小さな丸い石ころで、握り拳《こぶし》ほどの大きさだった。手に取ると、表面がなめらかで赤く光っていた。石などではない。いい匂《にお》いがする。実際、あまりにいい匂いなので、かじってみたくなった。

ヘムは身震いして頭をはっきりさせようとした。まったく何を考えてるんだ！　これが何であれ、チーズでないことは確かだ。

もしかしたら危険なものかもしれない。

彼はあたりを見まわし、飛びあがりそうになった。

そばに小人が座って、こっちを見つめていたのだ！　ホーでもなく、自分たちの友人でもない。見たことのない小人だ。

笑顔で挨拶《あいさつ》をすればいいのか、それとも恐れたほうがいいのかわからなかった。

小人は赤い小石のような塊《かたまり》をひとつ拾いあげ、ヘムに差しだした。「お腹がすいているんでしょ」彼女は言った。

「でも、これは食べられないよ。チーズじゃない」とヘム。

「何じゃないって？」

「チーズ。これはチーズじゃない」

小人は何も言わず、戸惑っているようだった。

「チーズって言ったのは、食べ物のことだよ」ヘムは根気よく説明した。「みんなチーズを食べている。ネズミだってね」

「ああ、そう」別の小人が言った。二人はしばらく口をつぐんでいたが、やがて彼女のほうが言った。「でも『私』は食べないわ。『チーズ』なんて見たこともないもの」

ヘムにはとても信じられなかった。チーズを食べない小人だって？ ありえない！

小人はまだ小さな塊を差しだしている。ヘムは首を振った。

「何か知らないけど、食べることはできない。食べるのはチーズだけだ」

ヘムはがっかりして、また横になった。しばらくして、小人が何か言うのがぼんやり聞こえた。「あなたは自分が思っているよりずっと多くのことができるのよ」

だが、ヘムはもう寝入っていた。

二、三時間たってヘムが目覚めると、これまで感じたことがないほどお腹がへっていた。夕食の時間だ！　そう思ったが、すぐに自分の置かれている状況に気づいた。チーズはない。夕食はないのだ。

ヘムは起きあがった。小人はもういなかったが、小さな赤い塊はあった。ヘムは一つ拾いあげて、もう一度匂いをかいだ。甘い匂いがする。

何も考えず、ひと口かじった。

カリッとしていながら、ジューシーだった！　甘い……でも酸っぱい！　これまで食べていたチーズのような味ではない。ヘムはまるまる一つ食べてしまった。とまらなかった。

横になって、うめくように言った。「何てことだ？　石を食べてしまった！」死んでしまうに違いないと思った。

いつのまにか再び眠りこんだ。

そして、ここ数日で初めて、一晩中ぐっすり眠った。

翌朝、ヘムが目覚めると、再び小人が来ていた。膝《ひざ》をかかえて座り込み、彼を見ていた。

「あなたは死んではいない」小人が言った。

「そう。確かに死んでないね」とヘム。

実際、ヘムはちょっと力がついた気がした。

小人がまた石のような塊を差しだした。ヘムはそれを食べた。やはりチーズではなかったが美味しく、わずかながら元気が戻ってきた。

彼が塊を食べている間に、小人はホープという名前で、近くのフルーツ・ステーションAという場所に住んでいると話した。「フルーツ」はその塊のことで、「リンゴ」と呼ばれているのだという。

そのころには、ヘムは三つめのリンゴを食べていた。

ホープは、最近、このフルーツが少なくなってきて、ここ数日は新しい食べ物を手に入れたいと迷路のあちこちを探索していたのだと言った。

「毎日、目覚めるといつもリンゴはいっぱいあったの。ところが、それがどんどん少なくなってきたのよ」そして、ヘムが食べているのを指さして言った。「実は、それが最後の一つなの」

ヘムはかじりかけたまま、彼女を見た。「なくなったということ？」

小人はうなずいた。「もう出てこなくなったのよ。どうしてかわからないけど」

ヘムはほぼ食べてしまったリンゴを見やり、それからまたホープを見た。「じゃあ、最後の一つをくれたわけ？」

ホープは肩をすくめた。「お腹がすいてるみたいだったから」

「それはそうだけど。でも、あなただってお腹がすいてるんじゃないの？」

ヘムは彼女が与えてくれたもののことを思い、お礼も言っていないことに気づいた。

「ありがとうね」彼は言った。

「ちょっとね」彼女は言った。

「どういたしまして」

ヘムは戸惑いながら首を横に振った。「これを食べて、ほんとにちょっと元気になったみたいだ。信じられないけど！」

ホープは微笑《ほほえ》んで言った。「大丈夫。思い込みを捨ててやってみればいいのよ」

ヘムはまごついた。思い込みを捨てて、何をやってみろというのか？　彼女が言っていることがわからなかった。

それでも、一つだけわかっていた。いまもまだお腹がすいていた。

こうした食べ物の話で、ヘムはそもそも迷路へ踏み出した理由を思い出した。初めての見知らぬ食べ物から元気をもらった彼は、再びチーズを探しに出かけることにした。

いまのところ探し出せていないが、理由ははっきりしていた。

「まだ努力がたりないんだ。まだ入っていない迷路に踏み込んで探さなければならない」

ホープは肩をすくめた。「私も行くわ。かまわなければ」

(ホープはどう難局を打開すればいいかまだわからなかったが、ためらいなく出かけることにした)

ヘムはしぶしぶ同意した。道連れがいるのも悪くないかもしれない。立ち上がったとき、またあの気になるメモをみつけた。ホーが壁に書きつけたものだ。

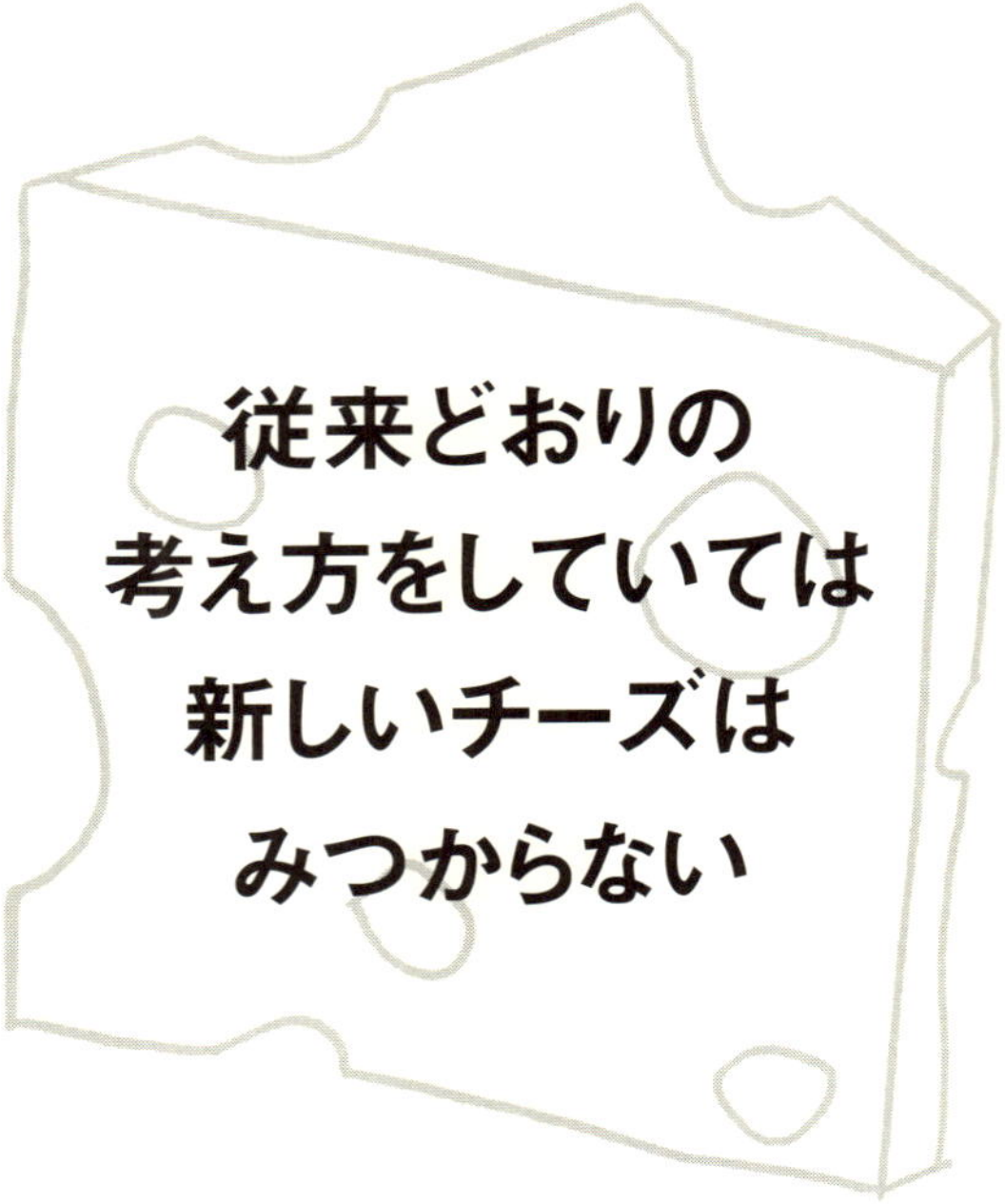

従来どおりの
考え方をしていては
新しいチーズは
みつからない

「そうかもしれない」ヘムは言った。「でも、どうすれば新しいチーズをみつけることができるかはわかるさ。それはもっと頑張ることだよ!」

そう言って彼が道具袋を肩にかけると、二人は出発し、通路から通路へと歩きまわり、部屋を一つずつのぞいて探しまわった。暗がりや袋小路は注意深くさけた。

どの部屋も空っぽだったが、ヘムはあきらめるつもりはなかった。

歩きながら、ヘムはホープに昔のことを話した。彼とホーと友だちのスニッフとスカリーが毎日、チーズを探しに出かけたこと、チーズはたくさんあって、簡単にみつかったことなど。手に入れるのは容易だった。近くの通路のあちこちを見てみるだけでよかったし、いつもそこにあった。

「もっと単純な時代だった」彼はそう言ったきり黙り込み、二人は歩きつづけた。

時代は変わっていた。ヘムも以前のようではなかった。かつてはたくましく、誇り高く、ほかの小人たちから尊敬されていた。

しかし、チーズがなくなってからはすべてが変わってしまった。打撃は甚大だった。彼はもうたくましくもなく、誇り高くもなかった。

そのために彼は以前のように自分に自信が持てなくなっていた。自信が揺らいでいた。

こんなことはいままでなかった。

これまで自分がどんな考え方をしているのかよくわかっていなかった。物事をどう見ているのかあらためて考えてみたこともなかった。

物事は自分が見たままのものだった。

通路を歩いていくと、ところどころにチーズのかけらがあった。ヘムはかじりつき、ゆっくり味わった。

ホープもかけらを食べてみて、とても気に入った。

ときどき壁際の地面でリンゴをみつけ、二人で分け合った。

チーズのかけらとときおりリンゴがみつかるだけなので、二人は出発点に戻り、休息をとって次の探索にそなえた。

こうして毎日出かけたが、ヘムはしだいに元気がなくなってきた。

何の収穫もなく帰ってきたときは、道具袋を下ろし、壁際にぐったりと倒れ込んだ。くたくたになっていた。

その日、帰ってきたとき、ヘムはひどく気落ちし、もうこれ以上つづけられるかわからないほどだった。道具袋が重くてしかたないということしか考えられなかった。

「それ、ひどく重そうね」ホープが言った。

「それほどでもないよ」ヘムは袋がどれほど重く、どれほど疲れきっているかを認めたくなかった。

「どうして毎日持っていくの？」ホープが聞いた。

「壁に穴をあけるためだよ」ヘムは、ここぞという壁をみつけたらホープにノミを持ってもらい、自分がハンマーをふるうつもりだと言った。かつてホーと二人でやったように。

「そう。それでうまくいってたのね？」

「もちろんだよ」ヘムはずいぶんいろいろ聞いてくるものだと思いながら言った。

「これは最高のノミなんだよ！」

「私が言いたかったのは、壁に穴をあけたら本当にもっとチーズがみつかるかってことなの」

ヘムは答えなかった。怒りを覚えた。これはほんとにいい道具なんだから！　重い袋をどすんと下ろすと、壁に寄りかかって座り込んだ。

ヘムはホーが恋しかった。家からこんなに遠いところにいたくはなかった。昔どおりになればいいのにと思った。

「お友だちがいなくて寂しいのね」ホープが言った。

考えを見透かされているようで、ヘムは少々戸惑った。

彼は肩をすくめた。「以前の状態に戻れたらいいのにと思っただけだよ」

ホープはとなりに腰を下ろし、同じように壁にもたれた。

「わかってる」そして彼をちらっと見た。「でもね、そう思っても何にもならないんじゃないの」

「何だって？」ヘムは言い返した。ちょっとムッとしていた。

「昔どおりには戻らないと思う」とホープ。「これが私の考え方よ。もしかしたら前よりよくなるかもしれないわ」

ヘムにはわからなかった。

「私たち、これまで以上に頑張ろうという方針でやってきたけど、うまくいってないわよね」ホープは穏やかに言った。

ヘムは答えなかった。ひどく惨《みじ》めな気持ちだった。

「方針を変える必要があるんじゃないかしら？」ホープはつけ加えた。

ヘムが目をやると、彼女はホーが書きつけた文句を見上げていた――「いままでどおりの考え方では、新しいチーズはみつからない」

「私たち、新しい考えを試してみたらどうかしら？」ホープは言った。

ヘムは首を振った。「考え方は試したりするものじゃない。もとからあるものなんだ！」

ホープは書きつけを見やり、首をかしげた。「でも、何かひとつでも変えてみたらどうかしら？」

「そういうものじゃないんだよ」ヘムは言った。「それに、ぼくは自分の考え方を変えたくないんだ！　それを変えてしまったら、ぼくはどうなる？　ぼくはぼくじゃなくなる！」

彼は考え方を変えたり捨てたりしたくなかった。その考え方によってこれまでの自分がつくられたと思うからだ。

「きっとそのうちあなたの考えも変わるわ」ホープはつぶやいた。

「どうしてぼくが変わるんだ？」ヘムはイライラした。「ぼくはあるがままの自分でいたいんだよ！」

ホープはまた肩をすくめた。「私だってそうよ。でも、私たちはまだチーズをみつけられないでいるわ」

ヘムは何も答えられなかった。

しばらく、二人とも黙り込んだ。やがて、ホープが立ち上がって言った。「それじゃ、おやすみなさい、ヘム。いい夢を。また明日の朝ね」

ヘムはしかめ面《つら》のまま壁に寄りかかって腰を下ろした。ホープがハンマーとノミについて言ったことを考えていた。

言うまでもなく、壁に穴をあけたとしても何にもならない。そんなことはわかっていたのではなかったか？　では、どうしてこの古い道具類を持ちあるいているんだ？　ほかに何もできなかったからだ。

このままではチーズをみつけられないだろう。ホーにも会えないだろう。ここで無用な道具袋をかかえたまま野垂《のた》れ死《じ》にするだろう。

ヘムは大きく長いため息をつくと、探索の旅に出たときから悩まされてきたことを自問した。

「どうしてホーと一緒に行かなかったんだろう?」

そして、ヘムは泣きだした。やがて、眠りに落ちた。


その夜、ヘムは夢を見た。

夢の中では、チーズ・ステーションCのそばの自宅に戻っていて、うろうろし、不平をもらし、苛立っていた。何かが変だった。だが、何が?

それから、わかった。窓に鉄格子がはまっている! まるで監獄にいるみたいだ。鉄格子の中の自分をのぞき見ると、ひどく不幸《ふしあわ》せそうだった。夢の中でも泣けてきた。

夜中に目覚めた彼は、夢のことを考えて、当惑した。どうして自分は囚人のように家に閉じこもり、友と一緒に行くことを拒んだくせに、恋しがっているんだろう?

横になったまま、何時間も考えていた。ついに夜が明けた。

早朝の光の中で、ホーが壁に書きつけた言葉がはっきり見えた。

「きっとホーが正しかったんだ」彼は静かに言った(声に出して考えることで、考えがより明確になった。とりわけ彼がいま考えているような難しい考えは)。

彼はホーが出ていった日のことを思った。ずいぶん前のことだ。ホーは自分たちがすべきことを話そうとしたのに、ヘムは聞く耳を持たなかった。

「あのときは、自分が正しくてホーが間違っていると確信していた」彼は言った。「でも、たぶんぼくが間違っていたんだ。ホーを信頼せず、自分の考えこそが正しいと思っていた」

ヘムははっと身を起こした。

「古い考え方」

ホーの書きつけはそのことを言っていたのだ。ヘムは「考え」について考えつづけた。

ようやくわかった気がした。

彼はやっとのことで立ち上がり、とがった石を拾いあげ、ホーのメモ書きのとなりに自分自身の新しい考えを刻みつけた。それから、それを囲むようにホープのリンゴの絵を描いた。これで自分のメモだとわかる。

信念とは、
自分が真実だ
と信じる
考えのことである

信念とはそういうことだ。一つの考えにすぎなくても、それがどれほど大きな力を持つものか！

彼がホーと一緒にチーズを探しに出かけなかったのはなぜか？　ホーが別の物の見方をしていたからだ——そして、ホーが見ていたものが見えなかった。自分の考え方こそがチーズ・ステーションCに引きとどめたのだ。自分のその考え方が正しいと信じていたからだ。

そのまま動かないでいつづければ、事態は好転すると信じていた。

ホーはばかげた理由で立ち去り、自分はもっと分別《ふんべつ》があると信じていた。そんな信念のせいで自分の物の見方から抜け出せなくなってしまったのだ。それがホーと一緒に出かけなかった理由だ。

ふいに、ヘムはあの夢の意味がわかった。窓の鉄格子は、自分の古い考え方だったのだ。自分では正しいと信じていた考え方だ。しかし、それが迷路の探索に乗り出すのを阻《はば》んだのだ。

彼の信念こそが彼を囚人にしたのだ！

ヘムは壁にもう一つ新しいメモを書きつけ、これもリンゴの絵で囲んだ。

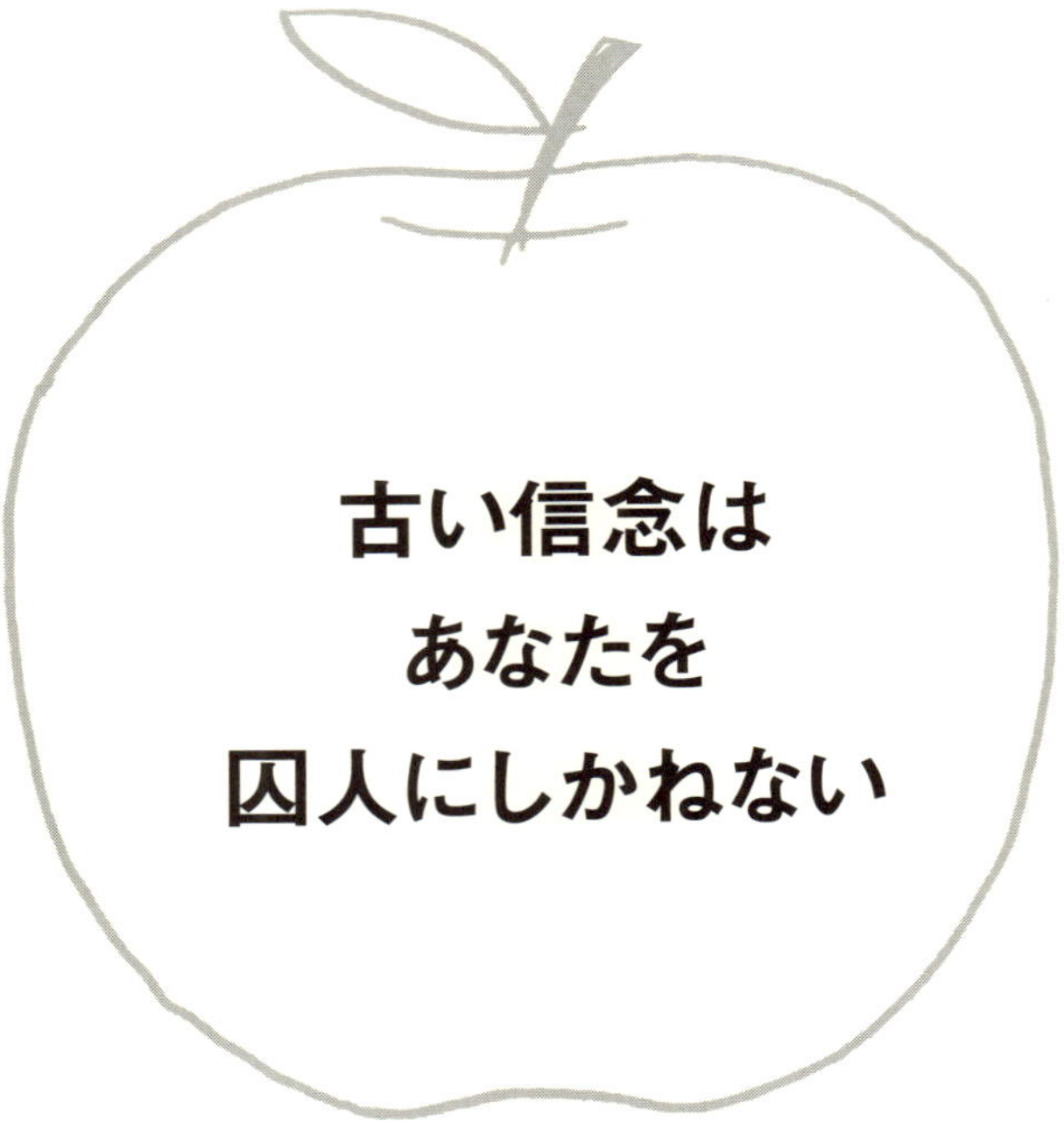

古い信念は
あなたを
囚人にしかねない

彼は、チーズ・ステーションC近くの自宅で歩きまわり、ここで待っていればまたチーズが出てきて、すべてがもとのようになると思いつづけている自分を想像した。それもまた自分が正しいと思っていた考えではなかったか。自分を囚人にしてしまった信念だ！

では、信念はすべてそうなのか？

彼が目覚めて、初めてホープを目にし、彼女がリンゴを差しだして食べるよう言ってくれた日のことを思いおこした。最初、食べるのをためらったけれど、とにかく食べた。彼女を信じたのだ。そして、彼女がくれたのは残り一つのリンゴだった！　彼女は親切な友人だった。

ヘムは自分のためになる信念だと思った。

そして、壁にもう一つメモを記した。

あなたの足を引っぱる
信念がある
あなたを向上させる
信念もある

彼はホープが言ったことを思い出した。「新しい考えを試してみたらどうかしら？」彼は何と答えたのだったか？「考え方は試したりするものじゃない！」でも、たぶんホープが正しかったんだ。きっと、古い信念を変えて、新しいものを選びとることができるのだ。

彼は古い信念を思いうかべようとしたが、うまく思いつかなかった。この「信念」について考えること自体が、彼には新しい考えであったし、そうすることがどう役立つのかもわからなかった。

ヘムはリンゴの絵とともに自分が書きつけたメモを見上げた。ホープが初めてリンゴのかけらをくれたときのことを思い出した。あのとき、自分は何と言ったのだったか？「何か知らないけど、こんなもの食べられない。食べるのはチーズだけだ」

ほんとにそう考えていたし、その考えが正しいと思っていた――だが、それはまったく正しくなかった！自分はリンゴを食べたし、元気になったのだから。食べられるものはチーズだけではなかったのだ。いま、彼の考え方は違っていた。

ホープは何と言ったのか？「きっとそのうち考えも変わるわ」そのとおりだった。

ヘムは急いでまた壁に書きつけた。

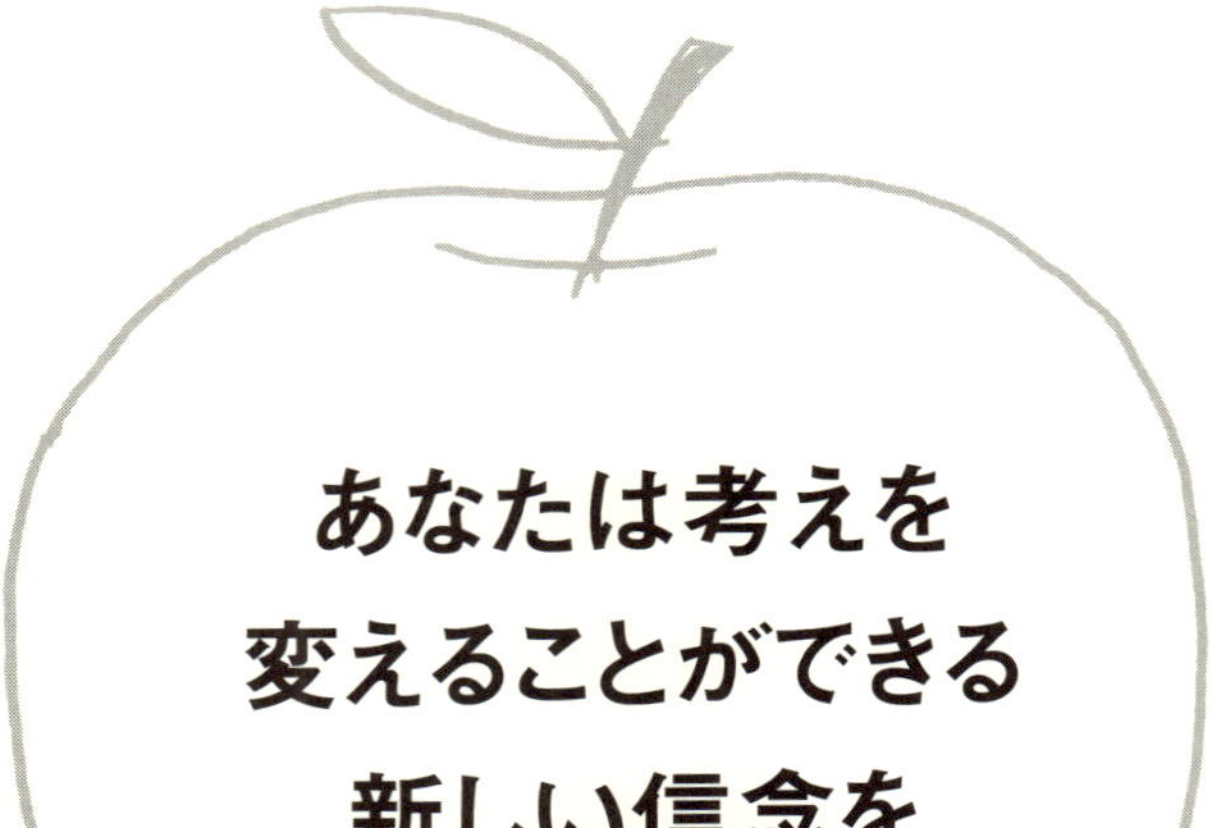

あなたは考えを
変えることができる
新しい信念を
選びとることができる

ヘムは全身に力がみなぎってくるのを感じ、自分でも驚いた。

これまで、自分の考えに反対されるのが嫌だった。考えを変えようとは思わず、自分が考えたり言ったりすることが正しくないように言われると、腹が立った。

ところが、いまは自分が間違っていたことを不快に感じるどころか、新たにわかったことに心躍《おど》る思いだった。

以前は、自分の考えを変えるのが嫌だった。何か脅《おど》されているように感じたからだ。自分の信念を変えたくなかったが、それはその信念が気に入っていたからだ。その信念によっていまの自分がつくられたと思っていた。

しかし、いま、そうではないとわかった。別の考えを選ぶことができたのだ。別の信念を選ぶことができたのだ。

そうしても、ヘムがヘムでなくなることはなかった!

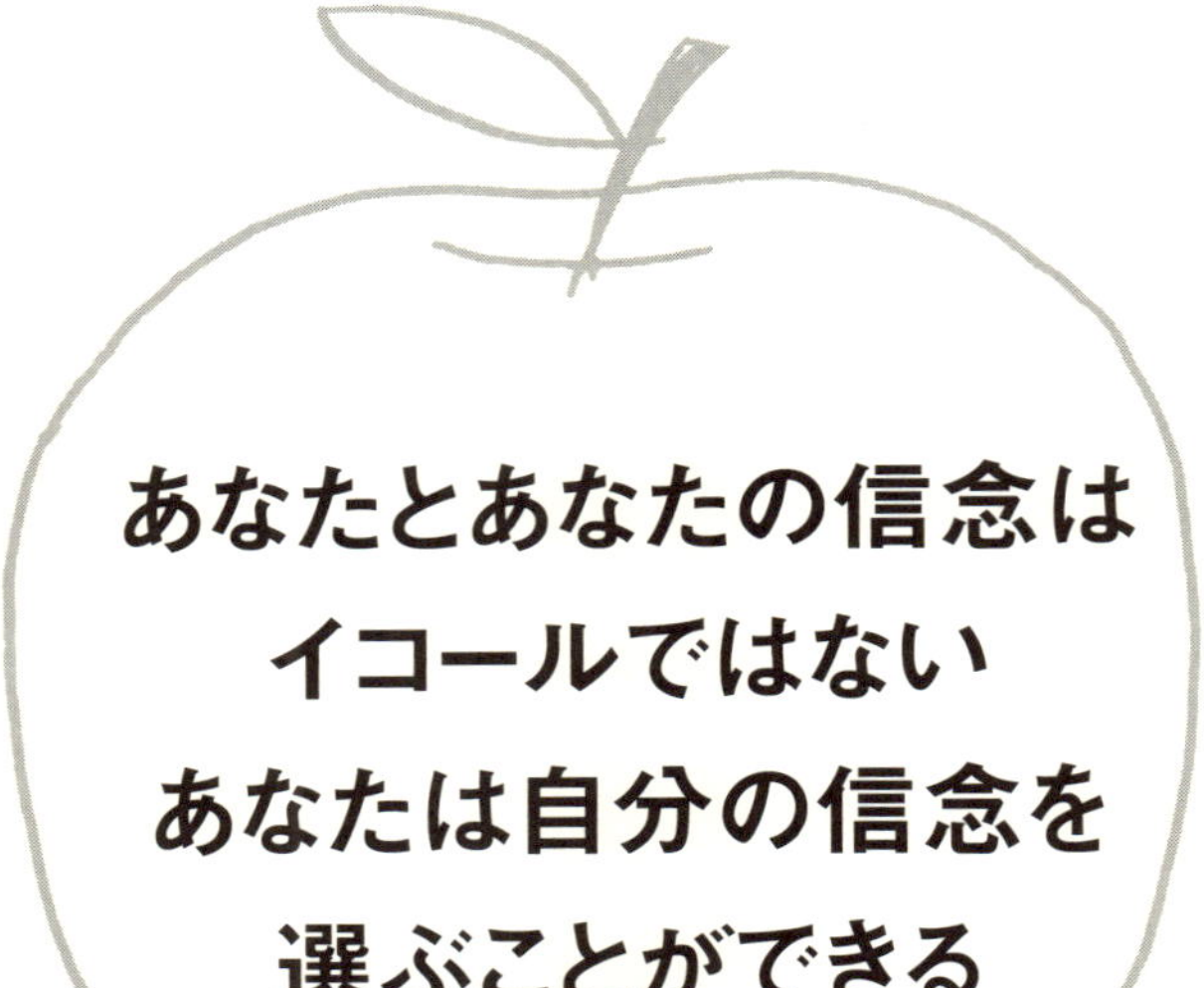

あなたとあなたの信念は
イコールではない
あなたは自分の信念を
選ぶことができる

「そこで、本当に重要なのはここだ」彼は歩きまわりながら、考えを声に出して言った。「信念とはどういうもので、どれほど大きな力があり、そして、どれほど簡単に新しい信念を選ぶことができるかがわかったところで……ぼくは何をすればいいのか？」

彼は立ち止まった。

答えは明らかだった。この新しい認識を活かして目的をはたすのだ。もっとたくさんのチーズとリンゴを探しにいくのだ。

問題は、二人はもうできることはすべてやったということだ。探すところはほかにもうなかった。リンゴやチーズはどこにもない。もう手はない。

これは不可能な探求だ。もしそうなら、試してみる意味はない。

しかし……この「不可能」も信念の一つだとしたら？　それは変えられるのではないか？

彼の背にゾクゾクするような興奮が走った。

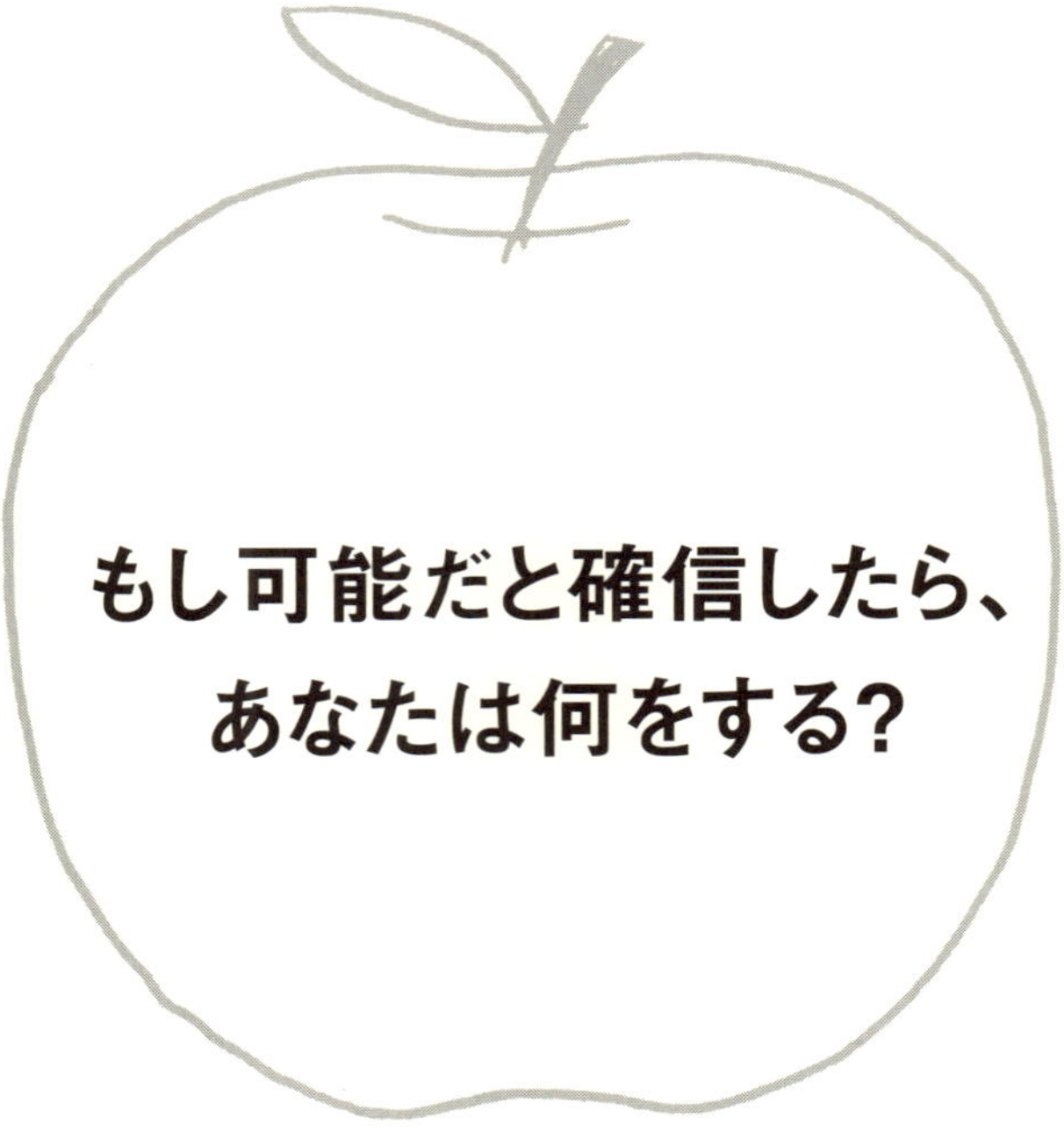

もし可能だと確信したら、
あなたは何をする?

「ちょっと待てよ。筋のとおった考え方をしよう」彼は自分に言った。

この信念というものにも限度がある。やはり、ここでも限界がある。そうじゃないか？

ヘムは一瞬、その考えを止めた。それから、一呼吸し――そして、その考えが変わっていくのを感じた！

ヘムは手にしたとがった石を見やり、また壁にメモを記した。

あなたが
信じられることに
限界はない

夜が明けて二、三時間後、ホープが戻ってみると、ヘムは座ってランニングシューズを磨きながら、ハミングしていた。

ヘムの変わりようは見違えるほどだった！　昨夜、ホープが出ていったとき、彼は疲れ、打ちひしがれ、苛立っていた。いまはずっと気分爽快《そうかい》に見えた。

ホープは壁に書かれた一連のメモを見やった。どれもリンゴの絵に囲まれている。

「あら、まあ、なんだか忙しかったようね」

ヘムはうなずいた。「うん」

「どうしたの？」

「考えを変えたんだ」とヘム。

「よかった」ホープはもう一度メモを見て、振り返った。「でも、どんなことを？」

ヘムはシューズをそろえると、ゆっくり立ち上がった（あの重い道具袋のせいで、まだ体がこわばり、痛かった）。

「そこのところがまだわからないんだ」ヘムは言った。

ヘムにわかっていたのは、以前にやっていたやり方ではうまくいかないということだ。まったく違うことをする必要があった。それは、まったく違う物の見方をする必要があるということだった。考えを変え、新しい信念を得る必要があった。

しかし、いったいどんな信念を？　それはわからなかった。

ホープが近づいて、またとなりに座った。

「聞いてもいい？」彼女は言った（ヘムが考え込んでいて、じゃまされたくないのはわかっていたが、聞いておく必要があった）。「あなたはチーズが出てこなくなったと言ったわね？　私のリンゴのように」

「そのとおりだよ」

「そこが不思議なんだけど、以前、毎日チーズが出てきていたとき、それはどこから来ていたの？」

ヘムはまた腹立たしくなった。ホープはうるさく聞きすぎる！　チーズがどこから来ようと、どうでもいいじゃないか。もうなくなったのだから。

そこで彼はハッとした。

ヘムはホープを見やり、彼女の問いを考えてみた。

チーズはどこから来ていたのか？

これまで自分は疑問に思ったことはなかったのか？　ホーはどうか？　二人一緒に過ごしたころを思い返してみた。一緒にチーズを探し、みつけ、味わった。二人は一度でも疑問に思ったことはなかったか？

なかった！　それは確かだ。

ヘムは胸がドキドキしてきた。どういうわけか、これは重要なことだと感じた。

ホープを見やったが、イライラはもうなかった。「あのチーズは……いったいどこから……来ていたんだろう？」彼はのろのろと言った。「これはとてもいい疑問だよね」

ホープの目がキラリと光った。「答えがわかったということ？」

「いや、そうじゃない。でも、確かにいい疑問だと思う。問いつづければ、きっといい答えがみつかるはずだ！」

二人とも口をつぐんだ。

それから、ホープがヘムを見て言った。

「迷路の外には何があるのかしら」

ヘムは彼女を見つめた。「迷路の外？」疑わしげに首を振った。「何もないよ」

おかしなことを！　迷路の外だって？　意味のないことだ。この迷路がすべてだ。「外」などない。

「そう」ホープはちょっとためらい、また彼を見て言った。「ほんとにそう思う？」

「もちろんだよ、確かだ！」

二人は見つめ合い、それから同時に同じ言葉が飛び出した。

「あなたが真実だと信じる考えが信念！」

これももう一つの信念というわけだ！　ヘムは、これは自分を向上させるというより、足を引っぱる信念ではないかと思った。

彼は目を閉じ、迷路の外を想像してみた。しかし、よく知っているこの迷路のほかには何も浮かんでこなかった。

目を開け、首を振った。「だめだよ。何も思い浮かばない。迷路の中のようすしか浮かばない。外のことは何も想像できないよ」

つまるところ、ヘムはこの迷路の中しか知らなかった。これまでずっと迷路に閉じこもってきたのだ。

ホープは思案するように彼を見やった。「まず、迷路の外があると信じてみたらどうかしら？　そうすればきっと見えてくるんじゃないかしら」

「それは……」ばかげたことを、と言いかけて思いなおした。「素晴らしい考えだね」

自分が信じることに限界がないのなら、やってみてもいいのではないか？　ヘムはまた目を閉じて考えはじめた。

「迷路の外には素晴らしいものがある」

彼は深呼吸し、新しい考えがわきあがってくるのを感じ、それが信じられると思えてきた。

目を開けて、もう一つメモを書きつけた。

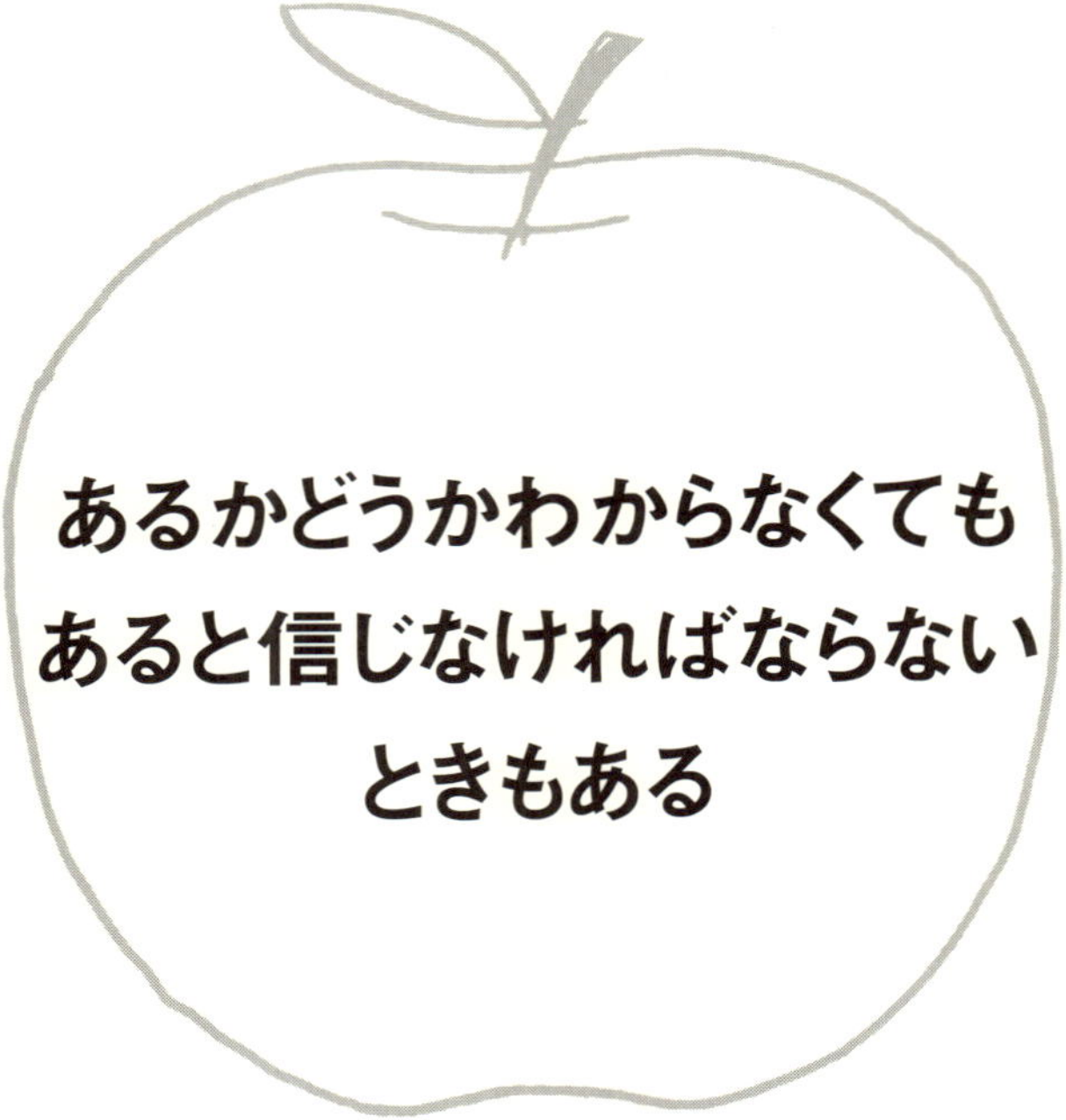
あるかどうかわからなくても
あると信じなければならない
ときもある

彼はホープに向いて言った。「迷路の外にあるものをみつけにいこう」

ホープは微笑んだ。「いいわね。あなたたちのチーズがどこから来たのかわかるかもしれないわ」

ヘムはうなずき、期待にワクワクした。「きみのリンゴもね！」

ホープも立ち上がった。「そうね。でも、どうすればいいのかしら？」

「わからない」とヘム。

ほんとうにわからなかった。どこを探せばいいのだろう？　何も思いつかなかった。もうくまなく見てまわったのだ。

そのとき、ヘムはいつもホーとチーズを探しにいったときのことを思い出した。いつも暗がりや袋小路は避けてとおってきた。ホープにそう話し、彼女がまた何かいい疑問を思いつくかもしれないと思った。

そのとおりだった。

「その暗がりがそれほど暗くなかったとしたら？」

「そんなことがある？　そもそも、真っ暗だから暗がりと呼ばれてるのに！」

ホープは背伸びをして壁の燭台《しょくだい》から大きな蠟燭《ろうそく》を取り出した。「これを持っていけばいいんじゃない」

ヘムはもう通路へ向かっていたが、まだホープが動きださないのに気づいた。彼女は彼の道具袋を見ていた。

「ハンマーとノミを持っていかないの？」

ヘムは道具に目をやると、ゆっくり首を振った。「持っていかない」

「そうね」ホープは笑みを浮かべた。「新たな探索に乗り出すのに古い荷物はいらないわね」

二人は何度も探しまわった通路へ出ていったが、今回は暗がりを避けるのではなく、暗がりをみつけるつもりでいた。いつも避けてきたところを探すのは妙な気分だったが、これも探索の過程なのだろうと思った。

まもなく真っ暗な暗がりに行きあたり、立ち止まった。

暗がりの中に進み、ホープが蠟燭をかかげて細い通路を照らしだした。

ヘムはがっかりした。蠟燭の光は奥のほうまで照らしだしたが、小路の先には暗いレンガの壁があるだけだった。

「ここも袋小路だ」ヘムは言った。

ホープは考え込んでいるようだった。「私もそう思う。でもその考えは信じていいものかしら？　暗がりがみな暗いわけじゃない。袋小路がみな袋小路とは限らないわ」

ヘムはいい考えだと思った。その考えを持ちつづけ、信じて、信念に変わるかどうか見てみようと思った。

目を閉じ、もう一度、想像力を働かせようとした。しばらくは何も起きなかった……やがて、あきらめかけたちょうどそのとき、何か思考の端をかすめるものがちらっと見えた——光でなかったとしても、光のようなものが見えた気がした。心臓が飛び出しそうだった。

ヘムは目を開け、ホープを見やった。

「ためしてみようよ」

二人はそろそろと小路へ入っていったが、二人ともドキドキしていた。ヘムは迷路が危険な場所だと考えないではいられなかった。それは少年のころからわかっていた。迷路は危険なところだ……その考えが頭の中に繰り返しうかんだ。

しかし、これも「自分が真実だと信じる考えが信念」ということではないのか？

ヘムが足を止め、ホープも立ち止まって彼の言葉を待った。

「そう考えるからといって、それを信じる必要はない」ヘムはつぶやいた。

自分が考えたことを
すべて信じる必要はない

ホープは何も言わなかった。ヘムが考えていることがわかっていた。

二人は歩きつづけた。思ったとおり、近づいていくと、ヘムの目に小路の行き止まりにある小さな光が見えた。それは蠟燭の明かりで、ドアに取りつけられた小窓に反射していたのだ！

二人はドアを開け、小部屋の中に踏み入った。これまで探索した多くの部屋とまったく同じだ。蠟燭のぼんやりした明かりの中で、殺風景な部屋を見まわした。四つの角に、四面の壁。それだけだ。

空っぽだった。がっかりしたヘムは引き返そうとしたが、ホープは立ったまま彼を見つめていた。彼が何か言うのを待っているかのようだ。

「何？　空っぽだよ」

「そう見えるわね」まだ彼女は待っていた。

そこで、ヘムは考えてみた――そして、自問した。

暗がりがすべて暗いのではなく、袋小路がすべて袋小路でないとしたら、空っぽの部屋もすべて空っぽとは限らない？

「考えてみたけど……もう一度、見直してみない？」

ホープは微笑んで彼の手を取った。「さあ、行きましょう！」

二人は手近の壁にそって進み、角を曲がり、次の壁を過ぎ、その角を曲がり、三番目の壁の半ばまで来て——立ち止まった。

「あれがわかる?」ヘムはささやいた。

「わかるわ」ホープもささやいた。

冷気が脚もとを漂っていく。ヘムはかがんで匂いをかいだ。とても新鮮な匂いがした。

二人が四つんばいになって壁を調べると、膝ほどの高さのところに隙間《すきま》があった。ちょうど小人が通れるくらいの大きさだ。

ヘムはホープをちらっと見ると、片手をあげて「どうぞお先に」という仕草をした。

ホープはそのトンネルへ這《は》いこんだ。ヘムもつづいた。

ホープの先導で、這いながら先へ先へと進むと、やがてトンネルの先に光が見えてきた。

光はどんどん明るくなり……そして、ついに――

ホープとヘムは光り輝く光の中へ出たが、まぶしくて初めは何も見えなかった。二人は突っ立ったまま、目をぱちくりさせながら、きれいで新鮮な空気を吸い込んだ。

やがて目が慣れてくると、あたりを見まわした。そこは美しい緑の草原で、涼《すず》しく優しい風が吹いていた。

ヘムにとって見たこともないと感じたこともない場所だった。上のほうを見上げると、とても青く、とても高かった！ そこにはまぶしく輝く金色の光があって、見たことのないほど明るく、暖かかったが、ひどく強烈でまっすぐ見ることができなかった。

ヘムは言葉を失った。深呼吸をし、両手をポケットに入れ、目を閉じ、顔を上げて温もりを感じた。

指がポケットの中の何かにふれた。取り出してみると、一枚の紙片で、一番上にこう書かれていた。「わかっている事実」

彼は読みはじめた。

それから、笑いだした。

ホープはとまどい、笑みをうかべた。これまでヘムが笑うのを見たことがなかった。笑顔すら見たことがなかった。

「何？　何て書いてあるの？」とホープ。

ヘムは紙片を見せた。

「ぼくは新しいチーズをみつけなければならない。さもなければ、死んでしまう——と書いてある。でも、ぼくは代わりにリンゴをみつけて食べた、それでも死ななかった」

「ええ、あなたは死ななかった。わかってたわ」

「それから、迷路は危険なところで、暗がりと袋小路があちこちにある、と書いてある」

ホープはうなずいた。「そして、私たちをここに導いてくれた袋小路へつながっているのが暗がりだった」

「最後の言葉は——すべてはぼくしだいだ。自分で何とかしなければばならない」

ホープは微笑んだ。「でも、そんなことなかったじゃない」彼女はみつけていたチーズのかけらを差しだした。

ヘムは受け取り、ありがたく食べた。「そう、ほんとにそうだ」

二人は迷路の外のこの新しい世界を探索し、いたるところでリンゴとチーズをみつけた。

そのリンゴとチーズを食べてみた。美味しかった。

何もかも輝かしく見えた。迷路の中のものがどんなに薄暗くぼやけていたか初めてわかった。

迷路から出ることは自分の古い信念の檻《おり》から出るのと同じことだとヘムは思った。

たぶんそれが迷路の本質なのだ。

一つはっきり言えることは、ここの空気のほうがずっと甘美だということだ！

ヘムはもう一度紙片に目をやった。「わかっている事実」そう言って、また笑い声をあげた。「あのころは事実のように思えたんだけどね」

ホープはうなずいた。「でも、そうではなかった」

「そう、一つとして事実ではなかった」

ヘムは紙を裏返し、そこにここ数日間で発見したことを要約して書きつけた。

迷路から抜け出す方法

あなたの信念に気づこう。

信念とは、あなたが真実だと信じる考えのことである。

あなたが考えたことすべてを信じてはいけない。

「事実」はあなたの物の見方にすぎないときもある。

役に立たないことは捨て去ろう。

古い荷物を持って新しい探索に乗り出すことはできない。

迷路の外に目を向けよう。

ありそうにないことも考慮してみよう——不可能なことも検討してみよう。

新しい信念を得よう。

あなたが考えを変えても、あなたはあなたである。

あなたが信じることに限界はない。

あなたは自分が考えるよりずっと多くのことをおこない、
経験し、楽しむことができる。

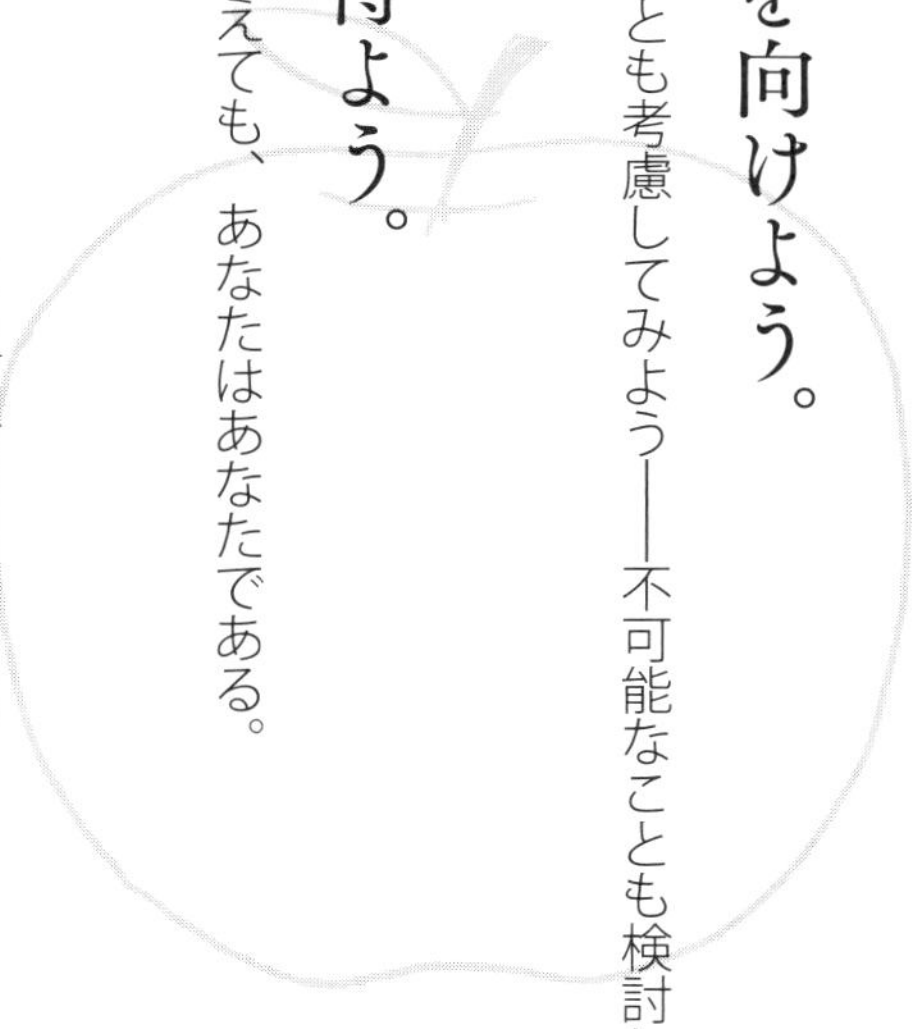

二人は草の上に座り、日光と涼しい風を楽しんでいた。ヘムはホーのことを思った。ここにホーがいたらもっと楽しいだろうに……。

「ホーのことを考えているのね」ホープが言った。

ヘムはうなずいた。いつもながら、彼女には考えを見透かされる。どうしてなのだろうと思った。

「彼をみつけにいかなくちゃ」彼女が言った。「お友だちのスニッフとスカリーもね」

ヘムは彼女を見て、またうなずいた。「ぼくもそう思ってた」

ホープは微笑みかけた。「さあ、行きましょう」

二人が立ち上がると、ホープはもう一度ヘムの手を取った。そのとき突然――

「ヘム！　ヘム！」

名前を呼ばれて驚いたヘムが振り返ると、足早に近づいてくる人がいた。

ホーだった！

「きみがここにいるなんて!」ホーは叫ぶと、ヘムを抱き締め、両手で彼の背中を叩いた。

「きみこそ!」ヘムは言って、あたりを見まわした。「それで、スニッフとスカリーは?」

ホーは笑い声をあげた。「ああ、わかってるだろ——最初にあそこを出ていったのは彼らじゃないか! でも、ヘム、きみは……迷路から出るすべがわからないんじゃないかと心配してたんだ」

「まあ、そうだったよ。あそこに閉じ込められているみたいだった。あのまま死ぬかと思ったよ」ため息をついた。「ぼくは間違っていたんだけど、それがわからなかった。自分の古い信念に縛られていたんだ」

「それで、何があったんだい?」ホーの口調は穏やかだった。

ヘムはちょっと考えた。

「最初は腹が立った。それから、腹がへった。そして、ホープに出会った」ホープを見やって微笑んだ。「ホープ、こちらは——」

「ホー、お会いできてとっても嬉しいわ」ホープは握手しながら言った。

「お目にかかれて幸運です!」ホーは笑って軽く会釈《えしゃく》し、それからヘムに言った。

「ホープに出会って、それから？」

「考えが変わった！」

ホーは優しく微笑み、もう一度ヘムを抱き締めた。「きみがいなくて寂しかったよ。迷路を出るすべをみつけられて本当によかった。もっと嬉しいのは、きみが信念を変えるすべをみつけたことだよ」

「信念って、実に強力なものだね」ヘムは言った。


三人は静かに立って、信念が持つ、人の足を引っぱりもすれば向上させもする恐るべき力に思いをめぐらせた。人はその信念を変えることもできるし、その場合でも、その人はその人であることに変わりはないという感動的な発見についても。

ふいにヘムが言った。「ちょっと待って！」ポケットを探り、手に入れていたリンゴを取り出し、ホーに差しだした。「こういうものを食べたことがあるかい？」

ホーは嬉しそうにうなずいた。「リンゴだ。大好きだよ」

「そして、チーズとすごく合う！」二人は声をそろえて言った。

ホープが小首を傾《かし》げて聞いた。「でも、知ってる？」

二人は振り向いて彼女を見た。

「ここにはほかにも美味しい食べ物がいっぱいあるに違いないわ」彼女は言った。
「考えたこともないようなものがね。想像したこともないようなものがね」
ヘムとホーは顔を見合わせた。
そんなことがあるだろうか？
もちろん、ある！
そして、三人は探しに出かけた。

おしまい

いや、新しい物語の始まりなのか？

ディスカッション

デニスは物語を話しおえると口を閉じ、部屋を見まわした。誰もが考え込んでいた。彼は待った。

「素晴らしい！」アレックスが言った。

デニスは彼のほうを向いて微笑んだ。「素晴らしい？」

「よかった。ヘムはやったね！　迷路を出てよくやったよ」とアレックス。

「まるで映画『ショーシャンクの空に』のアンディ・デュフレーンのようだ」ベンが言った。ほかの人たちから笑い声があがった。ベンは素晴らしいエンターテイナーだという評判だった。

「私の元上司の場合、そんなに幸運じゃなかったわ」ブルックが言った。

「何があったんだい？」とデニス。

「私はジャーナリスト養成所を出たあと、地元紙で働いたの。そのときのことだけど、インターネットを活用する必要があると社主にわかってもらうことができなくてね。彼は印刷物による広告で必要なお金を稼ぐことができると信じてたの。最大の得意先がウェブでの広告に切り替えたときでもね。実売部数もまた上向くはずだと言い張った。新聞に見切りをつけ、ネットでニュースを見る読者がどんどん増えていたのに。私が仕事についた一年後、ついに業務がすべて停止した」

「迷路を抜け出すすべをみつけられなかった」アレックスがつぶやいた。

「信念は強力だ」デニスが言った。「一つの断固とした信念が一つの会社全体を倒すこともある。人々は物事はこの先もこれまでどおりにつづくと信じている。だが、そんなことはない」

「ご存じのとおり、マーク・トウェインはこう言っている」ベンが言った。「トラブルに巻き込まれるのは、あなたが知らないことのためではない。間違っていることを事実と思い込んでいるためである、と」

みんながまた笑い声をあげた。

デニスもにっこりした。「相変わらず、トウェインは正しく理解していた。こんな実例がある。一九一二年、タイタニック号が最初の航海に出航したとき、人々はこの大型船を一言で言い表した」

「不沈船！」ブルックが言った。

「そのとおり。不沈船だ。誰もがそう信じていた。だから、十分な救命ボートを積み込む手間をかけなかった」

「そして、一五〇〇人以上の死者が出た」とブルック。

「それはすべて、人々が本当だと信じた考えのためだわ」ミアが言いそえた。

「『わかっている事実』だ」アレックスがつぶやいた。

少しの間、みんな黙り込んだ。

「なんてことだ！」とベン。

「信念ってものがみなダメだって気がしてきたわ」ミアが言った。「狭量《きょうりょう》な物の見方のせいでトラブルに見舞われるのね。でも、そんなはずはないわ。と言うのは、へムだって役に立つ信念をいくつかみつけたじゃない？」

「確かに」デニスが言った。「どんな信念でもテストしてみる価値がある。カギとなるのは、自分の信念に気づき、テストしてみることだ――必ずしも捨て去る必要はない。

信念によっては足手まといになって、最高の自分でいられなくしたり、われわれを仲違《なかたが》いすらさせるものもある。だが、説得力のある真実だったり、きわめて困難なときでもわれわれを向上させ、前進させつづける導き手となるものもある」

ベンが言った。「人はみな平等につくられ、生命、自由、そして幸福を追求する不可侵の権利を創造主から与えられている、という考えのようにね」

「または、ホープはよき友人だというヘムの信念のようにね」とブルック。

「または、自分の子どもたちを信頼する、ということもね」とミア。

「または、自分自身を信頼するということも」デニスも言った。「自分は何か理由があってここに存在しており、世の中に提供すべき固有の価値を持っているという考えを正しいと信じることも。例えば、ミア、あなたが医師になったのはどうして?」

「人々の苦痛を和らげる手助けをするためよ」ミアはためらいなく言った。

デニスはみんなに向かって言った。「わかっているだろうが、これは単に彼女が真実だと思っている考えだという話ではない。治癒《ちゆ》することへの熱望とでもいうのかな。それはミアの本質が外に表れたものだ。ブルックがいだく、真実の優れた言葉を書こうという情熱と同じでね。これらは基本的な価値観であって、まさに真実、決して変わらないものだ」

「しかし、なんてことだ、それ以外のすべては変わってしまうなんて!」とベン。

「だが、真実だって、変わる」デニスが笑みをうかべて言った。「そして、そこがヘムが行き詰まったところだ。周囲の状況は変わる。世界は変化する。そして、昨日は真実だったかもしれないことが、突然、今日はもう真実でなくなる。

大手レンタルビデオチェーンのブロックバスターは、私たちがみんな永遠にビデオテープで映画を見ると確信していた。ポラロイド社は、人々がいつまでも小さな紙にスナップ写真を撮ると確信していた。九〇年代初めの書店は、オンラインの書店が大きな意味を持つようになるはずがないと考えていた。

彼らが自分の将来像の基礎としていた信念は、やがて真実ではないとわかるものだった。そして、それが彼らを衰退させたのだ」

「ちょうどタイタニックのように」ベンがつけ加えた。

「ちょうどタイタニックのように」デニスも同意した。

彼は部屋を見まわし、最後方の席の若者が難しい顔をしているのに気づいた。

「ティム、何か言いたいことがあるのかな？」

全員がティムのほうを振り向いた。彼は前週、「ヘムはどうなったんでしょうか？」と聞いて議論のきっかけをつくったのだった。

「ええ、そうですね――」ティムは言った。「実のところ、ぼくの仕事の環境は大丈夫でして。もっと個人的なことなのですが」

デニスが静かに言った。「よかったら話して」

「ええ。今年の初め、両親が離婚することがわかりまして。実際には、もう別れていて、お互い過去の人になってたんです」

全員が振り向いてデニスを見た。「それはつらいね」とデニス。

「つらい？　耐えられませんよ。生まれてこのかた、父母は不変で、ぼくの支えだったのに。ぼくの世界でたった一つ確かなものだったのに。でも、二人はもう無理だと考えたんです」

「きみは腹を立ててるようだね」デニスが言った。

「激怒してます」とティム。「つまり、まだ二人を愛しているけど、いまはちょっと憎んでもいる。二人がしてることはとても受け入れられません。そうなると、ぼくの子ども時代のことはすべて偽りだったということでしょうか？」

「当たり前のことだけど、人は変わるものだよ」デニスは言った。

ティムは首を振った。「こんなはずじゃない」

デニスはそれを考えてみた。「ご両親はその事態をどう見てるんだろう?」

ティムはハッとしたようだった。「わかりません」

「二人はなんて言ってるの?」

「自分たちは精いっぱい努力してきて、これが正しい決断であって、いつかぼくも成長して受け入れられるようになるだろうって。そうは思わないんだけど」

デニスはちょっと考えて言った。「違ったふうに考えてみたらどうだろう……?」

「何の役にも立ちませんよ!」ティムは思わず口走った。部屋が静まりかえり、やがて彼は言った。「ああ、なんてことだ!」デニスを見やった。「ぼく、ヘムとまったく同じことを言ってますね」弱々しい笑みをうかべた。

デニスは肩をすくめ、微笑みかえした。「そうだね」

「それで、どういうことでしょう? 両親は正しい決断をしたということでしょうか? 二人が協力して何とか丸くおさめるのは無理だったということ?」

デニスは首を振った。「それはわからない。だが、何か信念を検討するときは、ヘムの問いを考えてみるといいと思う。『それは自分を向上させるか、それとも足を引っぱるか?』とね。それはきみを迷路から抜け出させてくれるか、それとも堂々めぐりをさせるだけだろうか?」

ティムはテーブルに目を落とし、懸命に考えた。

「忘れないでほしいんだがね、ティム。考えを変えたからといって、自分が変わってしまうわけではない」デニスは言った。

ティムはデニスと目を合わせ、ゆっくりうなずいた。「はい、わかりました」ちょっと考えて言った。「ヘムのようにトンネルを這って進み、その先に明るいものがあるか見てみようと思います」

デニスの顔に笑みが広がった。「素晴らしいよ、ティム」壁の時計に目をやった。もうすぐ終了の時間になる。

デニスは言った。「先週、われわれは、突然大きな変化が起きたときひどく動転してしまうという話をした。つまり、あのとき何人かが言ったように、そんなとき、『どこから始めればいいのだろう?』

部屋を見まわした。「アレックス、どう思う?」

先週、アレックスはそれを問題にしたのだったが、デニスがこの新しい物語を話し終えてから、ほとんど発言していなかった。

アレックスはしばらくの間、口をつぐんで考え込んでいた。それから、ゆっくり話しはじめた。

「どうも、それは自分から始まるように思う」

デニスは先を促すようにうなずいた。

アレックスはつづけた。「ぼくは今まで問題に焦点を合わせて考えすぎていました。ぼくのいる業界の変化について、どれほど混乱しているか、仕事を維持し、これからどうすればいいかを知るのがどれほど難しいかを」

「あなたは、できるなら『チーズと一緒に動きたい』と言ったわね」ブルックが自分でとったメモを拾い読みしながら言った。「でも、チーズがどこへ行ったのかさっぱりわからない、と」

「そのとおりだ」とアレックス。「まさしくヘムがそうだったよね？　迷路をくまなく歩きまわり、解決策をみつけようとした。だが、彼が始めるべきところは、迷路の中にはなかった。彼自身の頭の中にあった。

きみが『迷路を抜け出せ』と言ったとき、わかったんだ――ぼくが抜け出せないでいる迷路は、自分の仕事でもなく、会社でもなく、業界でもない。自分自身の仕事の仕方だ。ぼくが抜け出さなくてはならない迷路？　それは自分自身の思考なんだと思う」

「古い信念を捨て去るときかもしれないわね」とブルック。

「そうなんだ。そして、新しい信念を手に入れよ！」とアレックス。

ベンが微笑んでつけ加えた。「ヘムの言葉を忘れてはいけない。『迷路の外には、素晴らしいものがある！』」

再びみんなから笑い声があがり、拍手が起こった。ベンは立ち上がり、礼をして拍手に応えた。


「うまいこと言うね」デニスは思いやりのある笑みをうかべた。「きみがそれを信じようと思えば、新たに実現する世界の扉が開かれるよ。ほんとに素晴らしいことだ。

ということで、みなさん、セミナーは終了となります。みなさんの素晴らしいディスカッションに感謝するとともに、みなさんの仕事と私生活での幸運を祈っています。

そして、みなさんに次のことを託そうと思います。もしこのささやかな物語から何か価値あるものが得られたと思うなら、ぜひとも……」

それを
ほかの人たちにも
伝えてほしい

以下は、スペンサーが病気の最終段階にあってしたためた手紙で、本書に描かれている行動原則をどれほど信奉していたかをよく表している。

私の腫瘍《しゅよう》への手紙

こんにちは、腫瘍さん

いま、私はあなたを愛しています！　以前は、あなたを恐れ、戦って、あなたを打ち負かそうとしていました。それから、自らの信念について思いをめぐらせ、愛することと恐れることのどちらが大きな比重をしめていたかを知ろうとしました。

明らかに、恐れることのほうが大きかったのです。

そして、いま何とかあなたを愛するようになったことを喜んでいます。おかしな考えのように思えますが。おかげで私の人生がどれほど豊かになったことでしょう。というのも、私は病気にかかり、まもなく死ぬだろうとわかっていたけれど、その一方で感謝の気持ちと愛情に満ちあふれ、家族と友人たちのごく身近にいて、素晴らしい目的意識を持ち、精神性をさらに高めることができるようになったからです。

ですから、あなたに感謝しています。ありがとう。ありがとう！

スペンサー・ジョンソン

あとがき

ケン・ブランチャード
『一分間マネジャー』の共著者

本書を読了されたところで、あなたは自分の信念の持つ力と、あなたの行動とその結果に及ぼす効果を理解されたことと思う。もしかしたら、こんな疑問をいだくかもしれない。「スペンサー・ジョンソンは信念を選びとることによる力について本を書いただけなのか、それとも彼自身もその行動原則を人生の指針としていたのか？」

幸い、私は彼が実際に言動を一致させていたと言うことができる。ただ、残念でならないのは、ある鮮烈な実例をお伝えしなければならないことだ。

私が本の共著者でかつ友人である人を膵臓がんで亡くしたのは、二〇一七年七月だった。ご承知のとおり、その種のがんの診断は、通常は嫌な知らせである。ごく少数の人しか長く生きることができないからだ。スペンサーはそれを告げられると、恐怖にもとづいた信念体系をもって残りの人生に臨むこともできるし、あるいは愛情にもとづいた信念体系をもって対することもできると考えた。もし恐怖を選べば、自分自身に重点が置かれる。愛情なら、他の人々に重点が置かれる。

大変に嬉しいことに、彼は愛に生きるほうを選んだ。彼は身近な家族だけでなく、さまざまな理由から、音信不通になっていた人たちにも連絡を取ろうとした。中には何年も話していなかった人たちもいた。

私が彼を訪ねたときに居合わせた人たちはみな、スペンサーが自分の病状よりもむしろみんなのことを気にかけていることに心を打たれた。

私が最後にスペンサーを訪ねたときには、マーガレット・マクブライドも加わった。共著『一分間マネジャー』の著作権代理人を務めてくれた女性だ。私たちはウィリアム・モローの前社長で、私たちの著書を何冊も出版してくれたラリー・ヒューズに電話をかけ、私たちの人生における彼の役割にどれほど感謝しているかを伝えた。それは忘れられない、心温まるやりとりだった。私は帰りぎわにスペンサーをハグし、彼と彼が前向きな信念を選んだことをどれほど誇りに思っているかを告げた。

スペンサーの選択がこんなに愛情あふれる旅立ちになったことに感銘を受けて、スペンサーの息子たち、エマーソン、オースティン、そしてクリスチャンと私は本書が確実に出版できるよう、これまでになく情熱を注いだ。なんといっても、本書はスペンサーにとってきわめて重要だったから。いまでも、私たちはスペンサーからの大きな称賛の声が聞こえるような気がする。

あなたもこのささやかな物語を大いに楽しんでくれたなら、他の人たちにも伝えてスペンサーの遺産を継承することができる。もちろん私もそうするつもりだ！

二〇一八年六月　サンディエゴにて

ケン・ブランチャード

謝辞

スペンサー・ジョンソン博士はこの世界にどれほどの独自な貢献をなしたことか！　この時代で最も愛され、影響力を持つ作家の一人、スペンサーは、スポットライトを浴びることを嫌い、自身の説得力のある、シンプルな寓話の言葉で自らを語らせることを好んだ。『迷路の外には何がある？』を世界への彼の置き土産としてお届けできるのは栄誉なことであり、この出版を可能にしたすべての人々に感謝したい。とりわけ次の方々に、私たちの感謝の気持ちを伝えたい。

スペンサーの御子息たち、エマーソン、オースティン、そしてクリスチャンに、スペンサーの人生において特別な役割を果たしたことと、この新刊書を不朽の遺産の一部とすることに手を貸してくれたことに対して。私たちとスペンサーの何百万人もの読者は喪失感を分かち合い、息子さんたちの父親が残してくれた多くの贈り物に感謝している。

スペンサーのよき友人であり、『一分間マネジャー』の共著者でもあるケン・ブランチャードに。ケンは、最初にスペンサーを励まして物語を書きあらわし、人々がそのシンプルな知恵から恩恵を得られるようにした人であり、また、その本が出版されると誰よりも熱烈な支持者となった人である。

ハイラム・W・スミスに。彼の長期にわたる協力と貴重な貢献のおかげで、本書をつくることができた。

草稿に目を通してくれた方々に、本書が最高のものになる手助けをしてくれたことに対して。

ウィリアムズ&コノリー社のロバート・バーネット、スペンサー・ジョンソン・トラストのキャスリン・ニューナム、アンジェラ・リナルディ・リテラリー・エージェンシーのアンジェラ・リナルディ、そして、スペンサーの秘書のナンシー・ケーシーに、貴重なサポートと支援に対して。

トム・デュセル、タラ・ギルブライド、アシュレー・マクレー、マドリン・モンゴメリー、クリス・セルジオ、メリー・サン、ウィル・ヴァイサー、そして、パトナム・ポートフォリオの他のチームメンバーたちに、このプロジェクトへの熱心な献身に対して。

ジョン・デヴィッド・マンに、出版に向けて本書の原稿を整える際の思慮深く丁重な作風に対して。そして、マーガレット・マクブライド・リテラリー・エージェンシーのマーガレット・マクブライドに、彼女のサポートに対して。

あなた、つまり読者に、そして、最初の『チーズはどこへ消えた?』の何百万人もの読者とファン、支持者と唱導者の方々に。

そして最後に、スペンサー本人に。彼を「深い真実をシンプルにまとめる達人」と呼ぶことは正しい。真実の一端ではあるが。のちにベストセラー寓話の創作者となる彼が、医師でかつ児童書作家としての役割を果たしたのは偶然ではない。彼が何より望んだことは、単に英知を書きあらわすだけでなく、人々に人生を好転させる実用的なツールを提供し、そうすることによって、世界をより健全で、より幸福で、より豊かさに満ちた場所にする手助けをすることだったのである。

G.P.パトナムズサンズ社　イヴァン・ヘルド

ポートフォリオ社　アドリアン・ザックハイム

●著者

スペンサー・ジョンソン　Spencer Johnson, M. D.

アメリカ・ビジネス界のカリスマ的存在。心理学者であり、医学博士として心臓のペースメーカー開発にもたずさわった。『チーズはどこへ消えた?』（扶桑社刊）は累計2800万部の世界的大ベストセラーとなった。他に『1分間マネジャー』『1分間意思決定』（共著／ダイヤモンド社刊）『プレゼント』『頂きはどこにある?』（扶桑社刊）など著書多数。2017年、78歳で逝去。本作が遺作となる。

●訳者

門田美鈴（かどた　みすず）

翻訳家、フリーライター。主な訳書に、スペンサー・ジョンソン『プレゼント』『チーズはどこへ消えた?』、マーク・ロベルジュ『アクセル』、アービンジャー・インスティチュート『2日で人生が変わる「箱」の法則』他、多数。

カバー・本文イラスト……長崎訓子
装丁……………………小栗山雄司

迷路の外には何がある？

『チーズはどこへ消えた?』その後の物語

発行日…………2019年2月27日　初版第1刷発行
2025年6月1日　第10刷発行

著　者…………スペンサー・ジョンソン

訳　者…………門田美鈴

発行者…………秋尾弘史

発行所…………株式会社 扶桑社
〒105-8070　東京都港区海岸1-2-20　汐留ビルディング
Tel.(03)5843-8842(編集)
Tel.(03)5843-8143(メールセンター)
www.fusosha.co.jp

印刷・製本……株式会社ＤＮＰ出版プロダクツ

ISBN978-4-594-08165-2